WISH YOU A
MERRY CHRISTMAS

TO _____

FROM _____

Word Search Rules

Words can go in all directions (up, down, sideways, diagonal, backwards) and share letters with other words!
Good Luck!

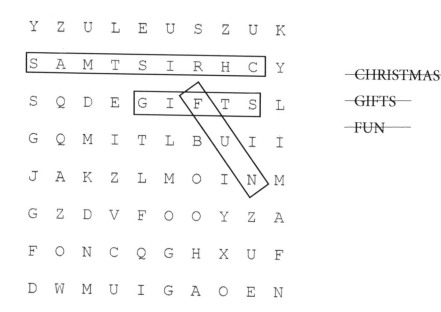

```
Y  Z  U  L  E  U  S  Z  U  K
S  A  M  T  S  I  R  H  C  Y
S  Q  D  E  G  I  F  T  S  L
G  Q  M  I  T  L  B  U  I  I
J  A  K  Z  L  M  O  I  N  M
G  Z  D  V  F  O  O  Y  Z  A
F  O  N  C  Q  G  H  X  U  F
D  W  M  U  I  G  A  O  E  N
```

CHRISTMAS

GIFTS

FUN

```
T N C J T A R L Z S
C H C H U L E A A S
W F G N R L H C J O
E I Y I B C T O R E
N S O J R A O I L I
C A L M J B M O R Y
X L E G Y W L F Y Q
G T R P A J H R K Z
```

ALL	BRIGHT	CALM
HOLY	MOTHER	NIGHT

Word Search

```
C D Z I Y X H Q W D
C H D A N C E X N B
G Z E N D Y A N U L
Z U S E G J R B A H
G N H R R Q T U D L
E M O H F H G U Z H
F W L A T H V T T A
D W P E S J V K N M
```

CHEER   DANCE   HEART

HOME   HUG   LAUGH

Word Search

```
N  Y  N  I  K  C  O  R  P  E
T  M  T  P  T  N  Q  U  O  E
R  Q  O  R  C  W  M  T  M  R
N  H  F  H  A  P  I  E  P  T
D  Q  N  O  K  P  J  P  S  A
N  E  G  I  Y  L  N  E  N  S
R  W  N  Y  Z  Q  B  L  L  N
X  W  U  D  N  D  E  S  Q  G
```

HOP   PARTY   PIE

PUMPKIN   ROCKIN   TREE

Word search puzzle grid:

```
C  Z  Y  D  M  U  E  A
N  Y  G  N  B  R  L  P  W  R
P  G  U  T  L  Y  O  L  T  N
S  H  Z  B  A  U  J  L  J  G
H  O  R  D  W  L  J  O  Y  Y
P  Y  O  Z  C  L  S  Z  T  E
Y  R  H  T  I  A  F  E  C  I
E  V  F  B  L  P  L  O  D  C
```

Word list:

ADORE   ALL   FAITH

JOY   LET   LORD

Word search grid:

```
K  P  V  C  H  H  N  E  S  R
C  A  I  H  N  J  S  K  R  A
A  H  N  E  K  A  B  I  H  E
W  H  G  E  Q  X  Z  A  W  Y
W  B  G  R  T  P  M  O  C
S  D  W  K  K  P  N  T  O  D
H  E  C  X  Y  H  J  L  P  K
N  W  P  F  I  U  A  P  P  C
```

BAKE   CHEER   HAPPY

NEW   WISH   YEAR

```
F B F I O M C U U K
O X A R H A O K B W
Y G M S R E C N A D
C N I O D O A Q R E
Z I L E A I E N S
M S Y A Z T K I E S
S F X J R C W I F Y
X K S M M E C O A Q
```

CAROL DANCE FAMILY
KIDS   SING   WINE

S	V	X	M	A	S	E	C	Y	V
R	P	J	H	V	Y	O	V	Z	
L	C	Z	X	A	Y	U	P	U	
Y	E	Z	K	R	T	K	A	J	
R	R	U	P	S	W	Z	K	O	
A	R	E	N	H	S	Y	O		
T	C	L	E	K	Z	E	L	D	V
S	F	R	V	M	I	G	U	U	X

HAVE
STAR

MERRY
XMAS

SHINE
YOURSELF

Y	Z	W	A	L	J	Z	W	T	C
K	T	Y	P	U	I	O	W	W	V
D	B	R	B	J	N	R	E	P	F
Q	U	R	A	D	G	P	W	I	E
R	Y	G	E	P	L	C	E	R	R
L	O	R	C	H	E	M	U	Z	O
Y	O	J	N	E	I	P	S	C	M
P	N	X	A	T	P	J	C	K	S

ENJOY JINGLE PARTY

SMORE TIME WONDER

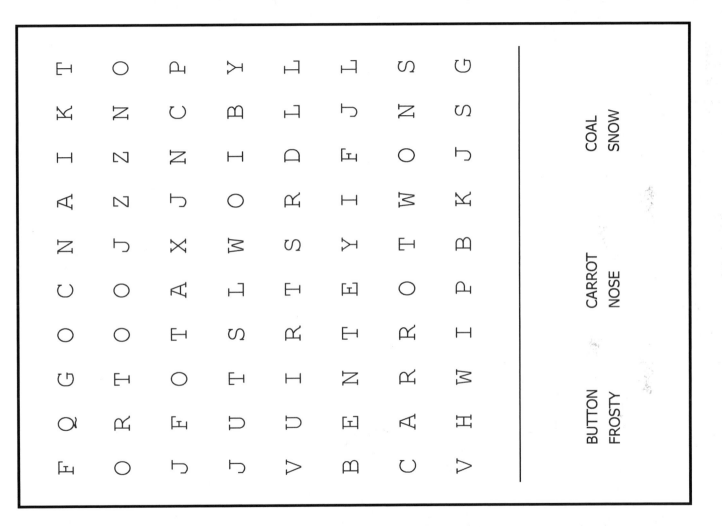

N	A	T	U	R	E	Q	N	J	W
I	J	L	G	N	Y	E	Q	K	J
T	S	P	T	Z	V	K	F	H	M
T	R	X	G	A	E	O	T	N	L
S	J	U	E	X	A	I	N	E	S
R	E	H	T	Y	R	F	T	L	M
I	H	U	D	H	T	R	O	Y	R
Z	C	M	X	A	H	C	G	P	L

EARTH   HEAVEN   HER

LET   NATURE   TRUTH

I	J	X	L	S	P	C	N	D	J
R	S	N	U	M	I	R	H	O	E
K	I	A	C	O	M	E	S	W	K
T	L	G	I	R	L	O	L	N	S
C	E	E	H	A	J	B	B	Y	A
H	W	H	N	T	E	R	E	H	D
Z	F	E	G	F	Z	V	Z	S	M
K	F	I	D	H	C	H	P	Y	I

CLAUS   COMES   DOWN

HERE   LANE   RIGHT

R	T	Z	S	N	L	F	M	P	Q
O	K	X	I	R	T	X	R	B	
U	N	L	A	O	L	Y	Y	D	R
N	A	S	N	W	Z	E	B	O	N
D	M	T	E	J	F	Q	N	W	A
A	A	M	R	W	S	M	T	E	
G	H	T	E	E	T	U	P	U	S
Z	Q	I	Q	X	F	A	J	G	Q

FRONT   ROUND   SILENT

TEETH   TWO   WANT

```
S G W Y H G N L U V
N P R O J E C T S I
Y U R B F R N V I D
V R F I A N E V O E
Y M X D N Y R V R O
S O I Y H K D P E S
W O U Q E L L J F X
J S G Q T D O E K N
```

FUN   OVEN   PROJECTS

RADIO   SPRINKLE   VIDEOS

Word Search

```
E  U  B  M  B  J  F  A
X  J  S  O  M  E  C  X
S  K  I  E  Z  N  S  T
G  N  C  W  A  O  P  D
B  L  R  E  S  J  X  G
H  T  S  R  Y  U  S  Y
N  I  S  K  Z  I  E  M
T  W  Q  I  V  E  C  O
V  V  Q  I  V  E  I  O
```

ICE	SKI	SKY
STARS	SWING	VEST

Z	K	R	D	V	Q	D	M	S	L
L	P	S	U	O	A	B	Z	M	U
S	O	F	A	A	L	O	R	L	F
M	E	F	D	A	M	Q	C	H	X
R	P	D	N	H	T	Q	L	O	Y
A	K	K	E	L	I	M	S	Z	C
W	E	O	C	S	S	I	O	Y	A
T	R	Z	N	A	W	C	D	Z	Z

BLANKET   COCOA   COZY

SMILE   SOFA   WARM

```
T  F  I  G  D  M  N  I  D  T
W  R  O  G  R  O  B  Z  R  A
K  F  N  K  S  C  Q  E  O
U  I  W  P  I  Z  F  S  C
R  A  I  B  B  J  J  O  S  R
Y  C  G  B  Y  K  U  W  P
E  I  S  E  M  O  M  R  Y  L
F  Q  V  W  G  V  H  L  T  W
```

COAT	DRESS	FOOD
GIFT	RING	SPICE

Word Search

```
S  B  T  Y  R  T  R  D  U  T
C  T  O  Z  E  X  X  L  D
A  I  C  A  K  C  H  I  P  S
R  K  G  C  R  Y  O  T  P  I
F  V  A  O  L  D  H  M  I  J
J  R  O  Q  V  H  H  W  E  E
C  X  J  X  P  A  V  F  X  N
G  I  P  S  H  T  D  Y  M  Z
```

BOARD   CHIPS   CRACKER

ROCK   SCARF   TOY

```
B  Q  O  O  B  N  O  W
Z  U  T  Q  A  O  D  N  Y
V  B  C  H  G  M  Z  M  E  H
V  C  Y  B  I  A  H  Q  A  V
E  F  R  I  E  N  D  S  T  B
P  O  H  S  Y  N  K  X  O  H
W  Q  W  T  X  I  O  O  D  F
Y  N  N  J  T  C  K  L  Q  M
```

BOOK	CINNAMON	FRIENDS
NEAT	SHOP	THINK

BOOK   CINNAMON   FRIENDS

NEAT   SHOP   THINK

```
L P V K W K E N E
L I R Z I Y V E X N
S L O U A T A S N I
N Z L O V O R T I D P
K O P I C L L E V M
C W X H K I F H N J
E C A E P Z Q L D L
G Z P D H R G A G F
```

FLOUR   KITTEN   PEACE

PILLOW   PINE   SEARCH

```
N  U  P  N  H  D  N  X  H
M  E  J  K  Y  C  H  C  O
M  J  J  T  C  D  N  S  O
F  A  I  R  S  U  I  E  W
A  H  W  L  G  L  T  C  X  H
O  T  A  B  T  G  A  V  O  G
E  C  I  T  C  A  R  P  B  U
E  I  F  E  Z  X  D  W  Q  C
```

BOXES   FAIR   GREEN

LUNCH   NECKLACE   PRACTICE

```
C  F  E  B  D  B  B  F  B  F
N  O  M  A  R  J  C  P  J  J
N  H  I  R  F  R  R  A  H  H
D  O  V  G  H  W  H  D  S  S
X  E  N  E  E  C  H  Z  F  F
W  N  P  P  L  E  C  H  N  N
X  F  S  B  W  O  E  M  F  F
P  A  R  T  R  I  D  G  E  S
```

BRIDGE   COFFEE   DRIVE

HAIR   PARTRIDGE   WRAP

```
B T U Z K S D H L A
E E L I L E S H T L
C T I P W Y R V   J
I W A T L G Z M N J
O N U Q G R T U D F
J G A M E S T C O L
E E T A L O C O H C
R U R T E Z J E P X
```

CHOCOLATE   GAMES

REJOICE   SEW

BELT

NAILS

```
U  N  P  Q  F  E  H  G  P  D
T  E  R  C  E  S  L  L  E  P
T  S  C  S  S  F  A  E  O
T  H  O  U  G  H  T  S  L  H
N  X  Y  I  P  Y  E  S  B
L  A  T  T  E  I  R  E  G  R
L  Y  L  H  E  E  N  S  O  V
K  J  P  W  X  K  D  E  S  E
```

GLASSES   LATTE   PINE

SECRET   SLEEP   THOUGHT

E	W	D	P	P	G	X	S	F	
Y	C	D	Q	I	M	L	T	P	
S	R	E	K	C	E	H	C	U	E
A	P	R	O	N	B	C	S	N	A
L	V	R	E	V	S	E	E	A	R
F	G	Y	T	I	R	Q	R	E	B
A	U	T	K	I	U	K	G	P	C
B	R	Q	T	W	K	A	P	H	L

APRON   CHECKERS   PEANUTS

PEAR   PIECE   TIRES

W	A	S	Z	I	R	F	E	Z	L
C	E	W	R	E	F	G	R	H	I
D	P	A	N	E	V	W	U	A	D
C	G	N	R	D	T	C	S	N	D
G	I	Q	A	I	J	T	A	D	W
D	M	A	G	I	C	D	E	C	A
C	Z	D	J	W	P	Q	M	L	X
J	A	Y	S	F	W	J	R	O	J

DINNER   HAND   LETTERS

MAGIC   MEASURE   WEAR

```
S  P  P  P  Y  E  D  C  Q
A  T  O  W  Q  A  T  N  L  A
A  J  N  U  Y  H  N  O  U  R
K  N  T  E  R  S  O  M  B  X
G  I  G  A  S  R  V  A  W  W
D  J  G  E  U  E  N  I  A  L
N  U  J  L  L  R  D  Y  O
S  W  I  E  N  J  C  P  F  J
```

ANGEL PRESENTS   CLUB PUPPY   DIAMOND SUGAR

YNCXSAHARF

LAMCYWFSB

RLKLEHWBK

SNSPNEIPCY

BWKRTNSBOP

PLDGPSEBH

ELBATQHGDA

MUSICALVEF

CHEESE	MUSICAL	PLAY
SCENT	SWING	TABLE

```
U  R  T  L  T  K  L  I  M  O
V  S  M  A  G  E  X  Q  V  T
T  L  E  A  L  D  S  I  O  O
P  H  X  N  C  E  O  D  Q  M
R  D  V  F  S  C  Y  V  N  L
E  L  E  P  H  A  N  T  E  G
C  E  Q  U  O  R  U  W  M  S
F  E  T  E  L  B  I  D  X  Y
```

BRACELET   ELEPHANT   GLOVES

MILK   RAIN   TIDY

Word Search Grid:

S	V	X	O	G	B	P	D	H
F	T	X	G	C	Y	A	R	E	J
E	M	O	H	P	Y	T	E	R	G
R	E	E	C	U	Z	T	I	I	R
X	S	R	U	K	I	E	K	P	I
S	G	L	T	N	I	R	C	T	S
K	L	A	H	C	K	N	K	I	Z
C	G	C	U	N	M	A	G	J	Z

BATTER   CHALK   CHESS

RED   STOCKING   TREE

```
J  R  R  N  J  J  Y  S
D  H  E  G  G  E  D  D
X  Y  H  K  I  N  O  R
D  P  Y  T  O  R  N  A
V  X  C  Y  M  A  Y  C
S  P  E  L  L  M  E  G
D  K  O  N  I  S  W  A
T  S  A  F  K  A  R  B
```

BREAKFAST   CARDS   GIRLS

MONEY   SPELL   WEATHER

Made in the USA
Middletown, DE
09 December 2017